LE VRAI BONHEUR

DANS

LA SAINTETÉ

OU LA

COMMUNION AVEC LE FILS DE DIEU

(Pensées sur Jean XIV).

LIVRON (Drôme). — J.-R. MAZEIRAC.

Prix : CINQ CENTIMES.

LE
VRAI BONHEUR DANS LA SAINTETÉ

OU LA

COMMUNION AVEC LE FILS DE DIEU

(Pensées sur Jean XIV.)

Ce chapitre traite des consolations que le Seigneur laisse aux siens durant son absence.

Les disciples avaient tout quitté pour suivre Jésus ; et maintenant, celui qu'ils aiment, sur qui se fondait leur espérance va les laisser, et ils se trouveront seuls, au milieu d'un monde ennemi. On comprend combien cette séparation devait être pénible pour eux. Pour les consoler, le Seigneur leur promet son retour et le don du Saint-Esprit. Ils avaient goûté beaucoup de joie, aussi longtemps qu'Il avait été avec eux ; et cependant, la séparation leur est présentée comme avantageuse : « Il vous est avantageux que je m'en aille ». Ainsi, même pendant son absence, ils peuvent être parfaitement heureux en l'attendant, parce que le Saint-Esprit est toujours avec eux pour leur enseigner toutes choses et leur rappeler celles qu'ils ont entendues.

D'ailleurs, si Christ laisse les siens, ce n'est pas qu'Il cesse de penser à eux ; bien au contraire, Il va leur préparer des places. Il s'occupe d'eux dans la maison du Père, et il reviendra pour les y introduire, et les avoir auprès de Lui.

Ce monde est trop souillé pour que le Seigneur y demeure encore ; mais les disciples ne peuvent s'en aller, et, en traversant le monde, ils doivent être gardés dans la sainteté. Comme étant en Jésus — régénérés et purifiés par la parole appliquée à leurs âmes — ils étaient déjà nets (Jean XV, 3) ; mais le Seigneur leur a montré (chap. XIII) qu'ils avaient encore besoin du lavage des pieds. Ici-bas, on trouve la souillure ; or, pour le ciel, il faut une pureté qui convienne à la présence de Dieu. Le Seigneur ne peut avoir part avec eux dans la souillure ; comment donc eux, s'ils sont souillés auraient-ils part avec Lui dans la maison du

Père? « Si je ne te lave, dit-il, tu n'as point de part avec moi. » Ce qu'Il fit alors est une figure de ce qu'Il fait maintenant continuellement. Son œuvre de propitiation est toujours devant Dieu pour notre conscience ; mais de plus, Il s'occupe de nous, « par le lavage d'eau par la parole, » pour que nous ayons part avec Lui, dans la communion avec Dieu. Il s'occupe ainsi constamment de nous et continue son service en notre faveur. Il veut nous maintenir propres pour les places qu'Il prépare dans la maison du Père. Le chrétien le plus pur, le plus fidèle a besoin de se souvenir sans cesse de cette grâce.

Avant de parler de la venue du Saint-Esprit comme Consolateur, le Seigneur apprend aux siens de quelle manière ils arriveront là-haut. « Je reviendrai, dit-il, et je vous prendrai auprès de moi. » C'est Lui-même qui viendra ; Il n'enverra pas quelqu'un pour nous chercher. Oh ! si nous avions plus de confiance dans l'intérêt qu'Il nous porte, et si nous croyions davantage à la révélation de son amour ! Je ne parle pas de l'amour dans nos cœurs ; mais de son amour, qui surpasse toute connaissance. Christ nous aime tels qu'Il nous voit, pauvres créatures haïssables par nature, et Il est puissant pour nous introduire où Il est Lui-même.

On sait que le ciel est le lieu du bonheur ; chacun a aussi le sentiment que là se trouve une sainteté parfaite. Mais qu'est-ce qui fait le bonheur du ciel? Dans cette sainteté, n'y a-t-il pas un objet qui fixe le cœur? Ah oui; quand j'arriverai là-haut, j'y trouverai quelqu'un que je connais, — Celui qui m'a aimé et s'est donné Lui-même pour moi. Christ connu dans la perfection de sa personne adorable, voilà ce qui attache mon cœur au ciel.

Si nous connaissons vraiment le Fils de Dieu comme étant en même temps le plus doux, le plus débonnaire, le plus tendre, le plus aimable et le plus accessible des hommes, combien ne serons-nous pas heureux de penser à Lui, en attendant que nous le trouvions au ciel !

« Vous savez où je vais, et vous en savez le chemin. Thomas lui dit : Seigneur, nous ne savons pas où tu vas; et comment pouvons-nous en savoir le chemin?»

Il allait dans le ciel, aúprès du Père. Le Père et le Fils sont dans le ciel, et ce qui fait notre joie actuellement, c'est que nous les connaissons. Christ est le chemin pour aller au Père, et il est aussi la vérité et la vie.

« Si vous m'aviez connu, dit-il, vous auriez connu aussi mon Père. » A une Samaritaine, près du puits de Jacob, Il dit : « Si tu connaissais le don de Dieu, et qui est celui qui te dit : Donne-moi à boire, toi, tu lui eusses demandé, et il t'eût donné de l'eau vive, » la vie éternelle. Chers amis, connaissez-vous Christ ? Si vous le connaissez, vous avez la vie et vous connaissez le Père. Philippe dit : « Montre-nous le Père, et cela nous suffit. » Comment faire pour voir le Père ? Jésus répond : « Celui qui m'a vu, a vu le Père. » Quelle grâce ! quel bonheur ! En trouvant le Fils, j'ai trouvé le Père ; dans un homme ici-bas, j'ai la révélation du Père. Les disciples pouvaient dire : « Nous connaissons Jésus ; nous avons été trois ans avec Lui ; et qui a vu le Fils, a vu le Père. » Et chacun de nous réalisant cette vérité par la foi, peut dire aussi : J'ai fait connaissance avec le Fils; quel amour! jamais de dureté, jamais une parole qui ait trait au reproche, si ce n'est mêlée de tendresse comme lorsqu'il dit : « Tu ne m'as pas connu, Philippe! » Avec quelle patience Il a supporté leur stupidité si souvent manifestée! Eh bien, voilà le Père. Une âme qui a les yeux ouverts, et qui sait que le Père s'est parfaitement révélé dans le Fils; une âme qui a rencontré Jésus Lui-même, Lui qui n'a jamais méprisé personne, qui a pris même un pauvre brigand dans le Paradis; une telle âme dit : « C'est là le Fils, c'est là ce qu'est le Père. »

En effet Jésus dit : « Vous le connaissez et vous l'avez vu. » Quelle chose merveilleuse que de pouvoir dire : Je connais Dieu! je sais qui Il est. Il m'a rencontré dans mon égarement; Il m'a dit tout ce que j'ai fait. Il a frappé à la porte de mon cœur, Il a atteint ma conscience, puis Il m'a dit : « Celui qui boira de l'eau que je lui donnerai, Moi, n'aura plus soif à jamais; mais l'eau que Je lui donnerai, sera en lui une fontaine d'eau jaillissant en vie éternelle. » Pour se mettre en rapport avec nous, le Fils de Dieu s'abaisse jusqu'à être obligé de recourir à une pauvre paria pour étancher sa soif. N'est-ce pas bien propre à gagner la confiance? Et si nous avons confiance, pourquoi ne pas Lui demander? « ....tu eusses demandé, et il t'eût donné de l'eau vive. » Je suis tellement faible, dites-vous, je me fatigue. Mais on ne fatigue pas Dieu, car Il est amour. C'est ainsi que nous lisons au chapitre XLIII d'Esaïe : « Tu m'as asservi par tes péchés, et tu m'as travaillé par tes iniquités, » mais aussitôt Dieu ajoute : « C'est moi, c'est moi qui efface tes forfaits pour l'amour de moi. » Voilà de quel amour Christ était l'expression sur la terre. Quand une fois j'ai apprécié cet amour, quand mon cœur l'a goûté, je puis dire avec les huissiers : « Jamais homme n'a parlé comme cet homme. » Il y avait en lui une grâce qui allait au cœur.

Mais l'avons nous connu? Ne pourrait-il pas nous dire comme à Philippe : « Tu ne m'as pas connu? » Savons-nous ce que Dieu est? Avons-nous vu le Père? Et quelle persévérance d'affection en Jésus! Il dit : « Je suis depuis si longtemps avec vous. » L'avons-nous connu, ce Jésus qui prenait toujours connaissance des besoins qui l'entouraient et dont le plaisir était d'y satisfaire? Est-il TOUT pour nos âmes? Avons-nous compris le Seigneur. Si j'ai réellement connu le Fils de Dieu, je sais en quoi consiste le bonheur du ciel. Ce Jésus que je connais et qui actuellement fait mon bonheur, le fera éternellement : dès maintenant, et pour l'éternité, Il est le trésor de mon cœur. C'est avec Lui que je serai là-haut.

Combien est misérable celui qui n'a personne en qui il puisse se fier! En Jésus je puis avoir une pleine et entière confiance. Et dès que je possède cette confiance, je trouve en Lui tout mon bonheur. Il viendra nous prendre pour nous donner place avec lui dans le ciel, mais avant Il nous dit : Je suis la manifestation du Père, sa révélation sur la terre; en me connaissant, vous avez connu le Père. C'est ainsi que le Seigneur nous fait comprendre quel sera le bonheur dans le ciel. Mais Il veut que déjà nous possédions toutes les sources de ce bonheur. Le chrétien ne saurait plus être dans le trouble et la détresse : il a le Père, le Fils et le Saint-Esprit ; et il possède une nature capable de jouir de tout ce bonheur, quoique dans une faible mesure, sans doute. Oui, le chrétien a déjà sur la terre en lui-même, toutes les sources de la joie et une nouvelle vie, la vie éternelle. C'est là ce qui donne au christianisme, un caractère bien défini et distinct. Nous avons tout ce qui constitue le bonheur; il ne nous reste à attendre que la rédemption de nos corps ; et c'est pourquoi nous gémissons, désirant d'être revêtus, c'est-à-dire, d'avoir nos corps glorieux.

Toutefois le Seigneur ne nous a pas laissés dans un état de faiblesse (v. 12) ; Il nous a donné quelque chose de plus puissant en nous que sa présence sur la terre, quoique nous ayons ce trésor dans des vases d'argile.

Si par la grâce de Dieu nous marchons devant Lui, nous avons la connaissance du Père et du Fils, et nous sommes familiers avec les choses du ciel. Quand le cœur se trouve avec Jésus, il jouit du bonheur, tel que nous l'aurons éternellement. On demande parfois, s'il y a du mal dans telle ou telle chose. Si une chose vous cache le Sauveur, là est le mal ; elle vous empêche de vous nourrir de lui et de prendre votre accroissement. Celui qui le mange, qui se nourrit de lui, — de sa vie et de sa mort — celui-là a la vie éternelle (JEAN VI). Il n'est plus dans les conditions d'un homme déchu ; mais, bien qu'il ne connaisse encore qu'en partie, (I COR., XIII, 9), il jouit déjà du ciel.

Nous trouvons ensuite (v. 15-26), les preuves de l'amour pour le Christ et le don du Saint-Esprit. Si vous m'aimez, dit Jésus, ne pleurez pas ; mais « gardez mes commandements, et moi, je prierai le Père, et il vous donnera un autre Consolateur, pour être avec vous éternellement : » Consolateur que le monde ne peut recevoir. Pendant que Jésus était sur la terre, chacun pouvait le voir. Il n'en est pas de même du Saint-Esprit, qui n'est connu que de ceux qui le reçoivent. Christ a révélé le Père ; le Saint-Esprit et Christ demeurent dans nos cœurs par la foi : nous avons donc Dieu — Père, Fils et Saint-Esprit — pour nous rendre heureux.

Tout chrétien a des peines, des difficultés, des épreuves, qui l'assaillent et l'nquiètent ; mais quoique tiraillé par les circonstances et les afflictions présentes, il peut s'appuyer sur le fondement solide : Christ, source continuelle de joie ; et dans cette douce jouissance, son cœur s'épanouit. La pensée de Christ nous domine et chasse les pensées qui se rapportent à nous-mêmes.

Dans les Psaumes, il est dit : «La louange t'attend dans le silence en Sion» (Psaume LXV,1). Est-ce notre cas ? La louange est-elle toute prête à jaillir de nos cœurs dès qu'une bénédiction nous est accordée? Le serviteur d'Abraham (Genèse XXIV) voulut rendre grâces à Dieu avant de jouir de la bénédiction ; le don l'occupait moins que le donateur. — Je suppose que ma mère que j'aimais, et qui est morte, m'ait fait un très-petit don, je ne le céderais pourtant pas pour cent fois ce qu'il vaut, parce que la valeur du don n'est pas ce que j'apprécie, mais le fait qu'il vient de ma mère.

Ce n'est pas tout encore : « Parce que moi je vis, dit le Seigneur, vous aussi vous vivrez. » Si Christ meurt, je dois mourir aussi; mais si Christ vit, je vivrai. Quelle assurance! Je vous ai révélé le Père, dit Jésus; vous recevrez le Saint-Esprit; et il y aura une telle union entre moi et vous que *parce que je vis, vous vivrez aussi,* Notre sort est tellement uni à Christ que sa vie et la nôtre sont comme une même chose. Oh! si seulement nous savions Le comprendre et L'aimer en retour !

« En ce jour-là vous connaîtrez que je suis en mon Père, et vous en moi, et moi en vous. » Les disciples, pendant que le Fils était présent, auraient dû savoir que le Père est dans le Fils; mais le Saint-Esprit seul devait les amener à la connaissance d'une chose jusque-là inconnue : *Vous en moi et moi en vous.* C'est plus que de savoir que le Père est dans le Fils. Si je sais que je suis en Christ, je sais que je suis parfait. Ce misérable *moi* n'est plus. Quel repos d'être en Christ ! Je n'y trouve pas seulement l'assurance du plein pardon de mes péchés; mais la délivrance de l'état déchu et le contentement dans le Seigneur. Réalisez-vous cela dans vos consciences et dans vos cœurs?

Mais si vous êtes en Christ, Lui est en vous. Faites donc voir Christ dans votre marche de chaque jour. Que la vie de Jésus soit manifestée dans votre chair mortelle. L'apôtre Paul réalisait tellement la mort de Jésus, que la vie aussi de Jésus se manifestait parmi les Corinthiens. Si je suis chrétien, je suis mort avec Christ, mort au monde, et c'est Christ qui vit en moi, — ce Christ qui a été doux, compatissant, plein d'amour. Quand bien même je suis encore loin de lui ressembler, je n'ai pourtant pas d'autre mesure. Dans aucun de mes manquements, je n'ai d'excuse ; car il est écrit : « Dieu est fidèle, qui ne permettra pas que vous soyez tentés au-delà de ce que vous pouvez supporter. » Nous connaissons celui qui est entré dans la gloire, mieux que nous ne pouvons connaître aucune autre personne. Je ne puis, et nul homme ne peut demeurer dans votre cœur ; mais Christ y demeure et le Père se révèle en Lui.

« Le monde ne me verra plus, mais vous me verrez. » D'où vient cela ? et comment cela peut-il se faire ? C'est ce que Jude ne comprend pas ; alors Jésus lui dit : « Si quelqu'un m'aime, il gardera ma parole, et mon Père l'aimera ; et nous viendrons à lui, et nous ferons notre demeure chez lui. » Garder sa parole, voilà le moyen de le voir, quand Il est invisible au monde. Il aime aussi les pécheurs, car Il est mort pour tous ; mais Il se fait connaître d'une manière intime à celui qui l'aime, qui marche dans l'obéissance, cherchant à faire sa volonté.

« Je vous laisse la paix. » De fait, Il ne pouvait leur laisser la paix avant sa mort, puisqu'alors elle n'était pas encore faite. Il anticipe donc la chose ; mais dès qu'Il se présente aux siens après sa résurrection, Il dit : « Paix vous soit. » Cette paix de la conscience ne doit pas être confondue avec la paix du cœur. Quand je n'avais devant Dieu que mes péchés, la paix a été faite « par le sang de la croix. » J'ai donc la paix avec Dieu, et ma conscience est tranquille.

Si maintenant je ne marche pas dans la *sainteté,* mon cœur n'est pas en paix ; je ne jouis pas de la paix du Seigneur. Si j'attriste le Saint-Esprit de Dieu, je serai rendu triste moi-même. En Jésus, il n'y avait point d'interdit ; sa communion avec le Père ne souffrait point d'interruption ; il possédait une paix de laquelle il dit : « Je vous donne *ma* paix. »

« Je ne vous donne pas, moi, comme le monde donne. » Le monde donne chichement, et quand il a donné, il n'a plus. Christ ne donne pas seulement de son superflu, Il donne tout ce qu'Il a, tout ce qu'Il est ; Il nous introduit dans tout ce qu'Il possède ; Il donne libéralement, et cependant Il a toujours. Jamais ses richesses ne s'épuisent. Il y a des chrétiens qui ne s'occupent que des misères. Christ veut mettre fin à nos misères. Il nous donne sa gloire et sa puissance pour nous fortifier ; son Père est notre Père, son Dieu est notre Dieu ; Il veut nous avoir avec Lui, et semblables à Lui ; quel trésor !...

Pour le moment Christ s'en va ; mais, quoique absent, Il veut que nous soyons familiers avec Lui ; affectionnés à Lui ; heureux de penser à son bonheur. « Si vous m'aviez aimé, vous vous seriez réjouis de ce que je m'en vais au Père. » Cela montre à quel point Il tient à notre affection. Ah ! si nos cœurs étaient toujours plus occupés de Lui ! Nous pensons trop à nous-mêmes, et ne sommes pas assez attachés aux intérêts de Christ. Où en êtes-vous à cet égard, chers amis ? Si j'ai peu aimé ma mère, je me sens humilié en pensant à son amour constant. Vos cœurs répondent-ils à l'amour de Christ ? Jamais nous n'y répondrons suffisamment, car il est sans mesure ; mais êtes-vous remplis de Christ, et son amour élargit-il vos cœurs ? C'est là ce qui sanctifie d'une manière pratique. Oh ! Pensez-y et fuyez tout ce qui prive de sa communion. Sans parler des fautes grossières, il y a tant d'autres choses : un peu de volonté, un peu de parure, un ami ; voilà des choses où l'on ne voit pas de mal, et qui, néanmoins, affaiblissent le sentiment des rapports avec Christ. Etes-vous satisfaits de Lui seul ? N'avez-vous rien d'autre pour vous-mêmes ? Il veut être pour nos âmes la révélation d'un bonheur éternel. Quiconque le connaît et le possède, jouit déjà ici-bas de ce bonheur.

Pensées cueillies dans une soirée de J. N. D. — Nîmes 1872.